AF193510

Con sabor a Evangelio

El reino de Dios

PABLO CIRUJEDA

Con sabor a Evangelio

El reino de Dios

SAN PABLO

© SAN PABLO 2024
    Protasio Gómez, 11-15. 28027 Madrid
    Tel. 917 425 113
    secretaria.edit@sanpablo.es - www.sanpablo.es
© Pablo Cirujeda Ranzenberger, 2024

Distribución: SAN PABLO. División Comercial
Resina, 1. 28021 Madrid
Tel. 917 987 375
ventas@sanpablo.es
ISBN: 978-84-285-7183-8
Depósito legal: M. 16.160-2024
Impreso en Artes Gráficas Gar.Vi. 28970 Humanes (Madrid)
Printed in Spain. Impreso en España

«La novedad del Evangelio crea estupor porque es esencialmente escandalosa», papa Francisco, entrevista en El País (21 de enero de 2017).

Presentación

Hace dos mil años, un sencillo predicador recorrió la tierra de sus ancestros en Oriente Medio, el actual Estado de Israel, con la intención de proponer una mirada renovada sobre la vida de las personas entre sí, y con Dios. De religión y cultura judías, educado en la vida del campo y de los oficios artesanos, así como en la sabiduría de los Profetas y de los Salmos, entendió, aun rodeado de injusticias, sufrimientos y violencia, que cada uno de los miembros de la familia humana están llamados, sin excepción, a vivir una vida plena, alegre y en paz. Por eso quiso ofrecer, a través de su anuncio acerca del reino de los Cielos, o reino de Dios –que él llamó *Evangelio,* es decir, «buena noticia»–, un camino espiritual que pudiera unir los corazones de toda la humanidad, y que fuera capaz de trascender incluso las hondas divisiones existentes entre religiones, pueblos y culturas, y también entre ricos y pobres, hombres y mujeres, sanos y enfermos.

Su predicación se estrelló contra el muro de la intolerancia, del poder en sus infinitas formas y de la burla de quienes lo consideraron un loco agitador, alejado de la realidad de este mundo, desconocedor de los valores con los que realmente se obtienen resultados y se logra mantener el orden social. Su cruel ejecución, diseñada como un escarmiento para sus seguidores, contemporáneos y futuros, no logró, sin embargo, borrar el recuerdo de ese singular predicador, amigo de los descartados y de los excluidos, que se fue atesorando y transmitiendo hasta configurar unos escritos en los que las comunidades de sus seguidores pudieran seguir escuchando la voz de aquel que no renunció jamás a anunciar buenas noticias hasta en los contextos más adversos.

¿Qué es el Evangelio? ¿Qué propuestas contiene? ¿Qué significa hoy escuchar la voz de aquel que se llamó a sí mismo simplemente «hijo del hombre»?

En las siguientes páginas vamos a intentar recuperar, con toda su frescura y radicalidad, la buena noticia acerca del reino de Dios, es decir, las ideas, propuestas y valores que estremecieron a la gente de su tiempo, generando entusiasmo en unos y repulsa en otros, pero ante las cuales es difícil quedarse indiferente, y que, todavía hoy, inquietan a los poderosos y a los soberbios y hacen soñar a los humildes y a los insatisfechos. El predicador de Nazaret nos sigue proponiendo hoy repensar, con su anuncio, nuestras convicciones, como hizo con la gente de su tiempo, para acercarnos a las maneras de Dios, tan contrarias a las nuestras.

1

Repensar el poder

«Jesús los llamó y dijo: "Sabéis que los jefes de las naciones las dominan como señores absolutos, y los grandes las oprimen con su poder. No ha de ser así entre vosotros, sino que el que quiera llegar a ser grande entre vosotros será vuestro servidor, y el que quiera ser el primero entre vosotros será vuestro esclavo; de la misma manera que el Hijo del hombre no ha venido a ser servido, sino a servir y a dar su vida como rescate por muchos"» (Mateo 20,26-28).

Jesús de Nazaret, el sencillo predicador galileo que anunciaba la venida del reino de Dios, fue un hombre que creció siendo testigo de una realidad social en la que se distinguían con claridad los dominados y sometidos de aquellos que ostentaban el poder. Se tratara de los romanos, que exprimían con su yugo invasor a los judíos, o de los propios potentados de su pueblo, la mayoría de la población de su tiempo se veía forzada a privarse hasta de lo más necesario para mantener a los miembros de las élites privilegiadas. Aun así, Jesús no dudó en afirmar, una y otra vez, que es preferible abajarse y renunciar a cualquier relación de privilegio antes que buscar aventajar a otros en la vida.

Se trata de una propuesta tan radical, que pocas personas a lo largo de la historia la han llegado a considerar seriamente y sus mismos discípulos no supieron asumirla entre ellos, a pesar de la claridad del mensaje recibido. Desde los inicios de la civilización hay indicios de cómo las sociedades se han ido organizando alrededor de jerarquías, estableciendo un orden social definido. La misma Iglesia católica está provista de una estructura jerárquica milenaria, y ni siquiera los intentos más recientes del comunismo han logrado superar la máxima que George Orwell describía, con fina ironía: «Todos los hombres son iguales, pero algunos son más iguales que otros».

El Evangelio, la buena noticia que predicó Jesús, exige, en cambio, experimentar el poder del servicio y alejarse del servicio al poder. En el reino de Dios, es decir, cuando las personas conviven del modo que Dios propone, las relaciones de poder necesariamente tienen que transformarse en relaciones de servicio. No hay cabida para la sumisión ni para la dominación, pues quienes se reconocen como hijos de un mismo Padre deben ser capaces de ver en el prójimo a un ser semejante a sí mismos, al que de ninguna manera se puede tratar como inferior ni abusar de su persona para un beneficio propio.

El ansia de poder ha sido, seguramente, el comportamiento adictivo más extendido entre los seres humanos a lo largo de la historia. Ya sea en el ámbito familiar, laboral, social o político, las personas tienden a situarse en una posición de rango frente a los demás, para poder ir escalando hasta lograr adueñarse de la posición que ambicionan. *«No ha de ser así entre vosotros»*... las palabras de Jesús resuenan hoy, como entonces, como un lamento desesperado ante sus seguidores, y ante las sociedades que nacieron del cristianismo y, posteriormente, de la cristiandad. Cualquier predicador que hoy proponga de nuevo que el verdadero liderazgo cristiano se basa en el servicio y en la humildad cosecharía una sonrisa escéptica, en el mejor de los casos, o más bien un abierto rechazo tachándolo de ingenuo. En ninguno de los cursos sobre liderazgo que abundan en la actualidad, en los que participan muchas escuelas cristianas, se postula que los líderes sean «esclavos» de aquellos a los que dirigen: la propuesta de Jesús sigue siendo una paradoja difícil de asumir.

Sin embargo, en la conocida escena del lavatorio de los pies, Jesús escenificó, al final de su vida, este mandamiento radical de alejarse del poder, para evitar que fuera olvidado o minimizado:

Después que les lavó los pies, tomó sus vestidos, volvió a la mesa, y les dijo: «¿Comprendéis lo que he hecho con vosotros? Vosotros me llamáis "el Maestro" y "el Señor", y decís bien, porque lo soy. Pues si yo, el Señor y el Maestro, os he lavado los pies, vosotros también debéis lavaros los pies unos a otros. Porque os he dado ejemplo, para que también vosotros hagáis como yo he hecho con vosotros» (Juan 13,12-15).

Servir, y no ser servidos... solo los más osados se han atrevido a vivir según el ejemplo de Jesús.

En un mundo herido por el abuso de poder en tantas formas, la buena noticia anunciada por Jesús sigue pareciendo un disparate: renunciar al poder y pretender construir unas relaciones humanas y sociales basadas en el servicio humilde al prójimo. Pero no podemos negar que el Evangelio se comunica desde la debilidad de sus emisarios, empezando por el mismo Jesús, que jamás encarnó la fuerza, sino la compasión, para intentar sanar y salvar lo que estaba perdido. A lo largo de la historia, siempre han sido personas aparentemente débiles quienes han sido capaces de impactar en los poderosos y denunciar sus intenciones estériles, que acaban en la nada.

El Evangelio, la buena noticia del reino de Dios, es un compromiso irrenunciable por el servicio, para lograr transformar las estructuras de poder en estructuras de fraternidad. Para muchos, se trata de un despropósito, y para otros, de un sueño irreal.

¿Es posible, hoy, encarnar el mandamiento del servicio y lograr renunciar a cualquier relación de poder en nuestra convivencia humana?

2

Repensar la familia

« "¿Quién es mi madre y quiénes son
mis hermanos?". Y, extendiendo su mano
hacia sus discípulos, dijo: "Estos son mi madre y
mis hermanos. Pues todo el que cumpla la voluntad
de mi Padre celestial, ese es mi hermano,
mi hermana y mi madre"» (Mateo 12,48-50).

El concepto de familia ha sufrido, a lo largo de
la historia, grandes cambios y es un hecho que en
su transcurso se han ido desarrollando diferentes
modelos de familia, todos ellos vigentes hoy en
día. Si nos asomamos a las distintas culturas y sociedades presentes en el mundo, podremos obser-
var familias tanto matriarcales como patriarcales,
nucleares y extendidas, monógamas y polígamas,
etc. Además, el desarrollo propio de la moderni-

dad también ha generado nuevas formas de convivencia, que justamente reclaman su derecho a ser, también, familias: hoy hablamos de familias monoparentales, reconstituidas, adoptivas, etc.

La familia de Jesús, a tenor de su época y de la sociedad semítica en la que vivió, fue sin duda una familia patriarcal y extendida, es decir, una familia de la que formaban parte con naturalidad miembros de diferentes grados de parentesco, identificados todos ellos de forma genérica como «hermanos y hermanas», bajo una misma figura paterna. De esa realidad familiar nos dan testimonio los mismos evangelios, cuando describen cómo los habitantes de Nazaret, el pueblo de origen de Jesús, consternados por su forma de actuar en Galilea, exclamaron: «¿No es este el carpintero, el hijo de María y hermano de Santiago, José, Judas y Simón? ¿Y no están sus hermanas aquí entre nosotros?» (Marcos 6,3).

La figura paterna, en ese modelo familiar, era principalmente la del proveedor y protector, como menciona el propio Jesús en esta breve parábola:

¿Qué padre hay entre vosotros que, si su hijo le pide un pez, en lugar de un pez le da una culebra; o, si pide un huevo, le da un escorpión? Si, pues, vosotros, siendo malos, sabéis dar cosas buenas a vuestros hijos, ¡cuánto más el Padre del cielo dará el Espíritu Santo a los que se lo pidan! (Lucas 11,11-13).

La psicología moderna nos plantea que, con toda seguridad, Jesús tuvo que experimentar con claridad la benevolencia de su padre, José de Nazaret, en su propia infancia, para poder expresarse en esos términos en su vida adulta sobre el «Padre del Cielo».

Jesús también conocía bien las historias de los patriarcas de la Biblia, grandes personajes que engendraron amplios linajes que perduraron a lo largo de los siglos, como las doce tribus de los descendientes de Jacob. Insertado en ese modelo familiar, Jesús amplió su propio horizonte familiar al proponer que *todo el que cumpla la voluntad de mi Padre celestial, ese es mi hermano, mi hermana y mi madre*. Su novedoso concepto de familia extendida rompió las barreras de la sangre y de la tribu, pues para él, el padre que nos hace hermanos y hermanas es el Padre celestial, el padre de todos.

El cristianismo primitivo se reafirmó en esta misma propuesta al profesar que hay «un solo Dios y Padre de todos, que está sobre todos, por todos y en todos» (Efesios 4,6), a partir del cual se establece la familia cristiana, aquella que se constituye con todos los que son hermanos en Cristo. La familia cristiana, por tanto, no se limita a un modelo específico de familia, sino que trata de ser un paradigma que puede ser adquirido desde cualquier modelo familiar: cuando una familia amplía su horizonte y se abre a la voluntad del Padre, que es su amor misericordioso, adquiere su identidad cristiana al trascender los límites impuestos por la sangre y abrirse al prójimo, que se convierte también en un hermano o una hermana.

Las Iglesias cristianas, desde hace siglos, veneran a la Sagrada Familia de Jesús, una familia sin duda singular. Se trata de la familia en la que el Padre común es Dios, que es el que establece los vínculos entre sus miembros y, con ello, el modelo de la familia cristiana por excelencia. Para Jesús, cualquier familia puede llegar a ser sagrada, si está dispuesta a reconocer como vínculo definitivo no la sangre, sino el seguimiento de la voluntad de Dios, el Padre en quien el prójimo deviene un hermano. La familia cristiana con sabor a Evangelio siempre será aquella que incluya a otros y amplíe sus horizontes, jamás la que excluye o rechaza a los demás.

Hoy en día incluso se habla de «sistemas familiares», que abarcan una variedad de modelos tan amplios como la propia diversidad de la experiencia humana. Conocedor de esa diversidad, Jesús propuso un modelo que pudiera ser válido para cualquier sistema familiar, y con el que se pudiera ensanchar el mismo concepto de «familia», al poner a Dios Padre en el centro de la misma, y así eliminar las barreras que separan a los seres humanos entre sí.

¿Podemos ampliar, hoy, el horizonte de las familias que se identifican como cristianas, para que se asemejen a la propuesta que nos dejó Jesús?

3
Repensar los mandamientos

«¡Ay de vosotros, escribas y fariseos hipócritas,
que pagáis el diezmo de la menta, del aneto y del
comino, y descuidáis lo más importante de la Ley:
la justicia, la misericordia y la fe! Esto es lo que
había que practicar, aunque sin descuidar aquello»
(Mateo 23,23).

El pueblo judío en el que se educó Jesús se identificaba en relación con los demás pueblos de su entorno por saberse los receptores de la Ley de la Alianza, aquella que les había transmitido Dios a través de Moisés en el monte Sinaí. No se trataba tan solo de los conocidos diez mandamientos, pues en su desarrollo posterior se habían llegado a definir hasta 613 mandamientos específicos con los que regular prácticamente todos los aspectos de la vida de un creyente.

Muchos de estos mandamientos estaban basados en un concepto avanzado de justicia, o de proporcionalidad. De hecho, la conocida ley del Talión, el «ojo por ojo, y diente por diente», ya fue un intento en la historia de la humanidad de evitar las venganzas sin fin que caracterizaban las relaciones humanas y sociales. Entre los mandamientos del pueblo de Israel, que no distinguían entre lo sagrado y lo profano, había muchos destinados a la defensa de los más débiles, como los extranjeros o las viudas, e incluso en defensa de la naturaleza, al mandar descansar la tierra cada año sabático, es decir, cada siete años. Otros mandamientos estaban enfocados a ordenar la vida social y religiosa, como la celebración y el descanso del sábado, así como a resolver disputas y evitar abusos y conflictos.

A lo largo de los siglos, sin embargo, el sentido original de los mandamientos se fue pervirtiendo hasta convertirse en un instrumento de opresión y de discriminación, manipulando, en especial, todos aquellos relacionados con la pureza y la práctica religiosa. En tiempos de Jesús, la Ley era invocada para victimizar a los débiles, a las mujeres o a los enfermos, mientras que los miembros de la élite se jactaban de mantenerse puros e incontaminados gracias a su observancia estricta de los mandamientos. Jesús no dudó en denunciar con duras palabras esa actitud:

¡Ay de vosotros, escribas y fariseos hipócritas, que cerráis a los hombres el reino de los Cielos! Vosotros ciertamente no entráis; y a los que están entrando no les dejáis entrar (Mateo 23,13).

Jesús conocía bien la finalidad de los mandamientos promulgados por Moisés, que resumió como *«la justicia, la misericordia y la fe»*; y propuso a la gente de su tiempo regresar a su sentido original, como menciona en una de las múltiples disputas que mantuvo con los maestros de la Ley: «Moisés, teniendo en cuenta la dureza de vuestro corazón, os permitió repudiar a vuestras mujeres; pero al principio no fue así» (Mateo 19,8). No dudó en ampliar el sentido mismo de los mandamientos, para que pudieran lograr la intención para la cual fueron promulgados:

Habéis oído que se dijo: «Ojo por ojo y diente por diente». Pues yo os digo: no resistáis al mal; antes bien, al que te abofetee en la mejilla derecha ofrécele también la otra; al que quiera pleitear contigo para quitarte la túnica déjale también el manto y al que te obligue a andar una milla vete con él dos (Mateo 5,38-41).

La buena noticia que anuncia Jesús implica que, al repensar los mandamientos, se abre una senda que nos acerca al reino de Dios, al ampliarse su significado: «No penséis que he venido a abolir la Ley y los Profetas. No he venido a abolir, sino a dar cumplimiento» (Mateo 5,17), afirma, ya que los mandamientos, en su origen, fueron formulados para que se lograran la justicia y el bien. El cumplimiento de la ley que Jesús anuncia viene a resumirla y a renovarla al englobarla en un mandamiento único: «Este es el mandamiento mío: que os améis los unos a los otros como yo os he amado» (Juan 15,12). El Evangelio, el anuncio del reino de Dios, libera al ser humano de la esclavitud de la antigua Ley, tal y como lo formulará san Pablo, y lo inserta en el reino de la libertad bajo la nueva ley del amor.

Tristemente el cristianismo, depositario de este único mandamiento, ha vuelto a saturarse de leyes y normas con las cuales pretende regular de nuevo la vida de los creyentes, repitiendo la misma situación que denunció Jesús en su época. Es necesario subrayar hoy, de nuevo, que la única medida de la fe es la práctica de la caridad, como resumió nítidamente san Pablo en una de sus cartas principales: «Con nadie tengáis otra deuda que la del mutuo amor. Pues el que ama al prójimo, ha cumplido la Ley» (Romanos 13,8).

¿Somos capaces, hoy, de situar el mandamiento único de Jesús por encima de cualquier otra norma o tradición, para transmitir la misericordia de Dios en todo nuestro actuar?

4
Repensar la religión

«El sábado ha sido instituido para el hombre y
no el hombre para el sábado»
(Marcos 2,27).

Podemos afirmar que Jesús fue sin duda un hombre religioso, que, a lo largo de toda su vida, se situó dentro del contexto de la religión judía en la que había crecido. Los testimonios que nos han llegado de quienes convivieron con él dan fe de su práctica religiosa, tanto en las sinagogas a las que acudía los sábados, como en el cumplimiento de las fiestas anuales como la Pascua, que celebraba puntualmente con sus discípulos. Rezaba con frecuencia con las palabras de los salmos que, como buen creyente, era capaz de recitar de memoria, y seguía en lo general las tradiciones que acompañaban su religión.

El sábado, en tiempos de Jesús, era la institución religiosa judía por excelencia, y estaba acompañado de numerosas normas y reglas que se tenían que cumplir estrictamente para no profanar su sentido sagrado, siguiendo el mandamiento de Moisés:

Seis días trabajarás y harás todos tus trabajos, pero el día séptimo es día de descanso para Yavé, tu Dios. No harás ningún trabajo, ni tú, ni tu hijo, ni tu hija, ni tu siervo, ni tu sierva, ni tu ganado, ni el forastero que habita en tu ciudad (Éxodo 20,9-10).

El sábado era un día consagrado a Dios, destinado a la práctica religiosa, en el que tenían que cesar todas las actividades sociales, económicas, agrícolas, los viajes y hasta el cocinar y las labores del hogar.

Jesús, de forma consciente y premeditada, en repetidas ocasiones quiso llevar a cabo sus signos sanadores precisamente en sábado, para escándalo de los líderes religiosos de su tiempo, como en la siguiente escena:

Había allí un hombre que tenía una mano seca. Y le preguntaron si era lícito curar en sábado, para poder acusarle. Él les dijo: «¿Quién de vosotros que tenga una sola oveja, si esta cae en un hoyo en sábado, no la agarra y la saca? Pues, ¡cuánto más vale un hombre que una oveja! Por tanto, es lícito hacer el bien en sábado». Entonces dice al hombre: «Extiende tu mano». Él la extendió, y quedó restablecida, sana como la otra (Mateo 12,10-13).

Su intención no fue abolir el sábado, sino resignificarlo, pues *«ha sido instituido para el hombre y no el hombre para el sábado»*, y así resignificar la religión misma.

Toda religión es un lenguaje humano para lograr una experiencia de fe y así acercar a la persona a Dios. Para Jesús, la religión se desvirtúa cuando se convierte en una ideología que disminuye a las personas, o las reduce a ser objetos antes que reconocerlas como sujetos válidos y capaces de desarrollar todo su potencial, pues la religión debe estar al servicio del ser humano para acompañarlo en su camino hacia Dios, y para potenciar su vida hasta su máxima expresión: «Yo he venido para que tengáis vida y la tengáis en abundancia» (Juan 10,10), afirma aquel que pasó por este mundo liberando y sanando a todos aquellos que sufrían por causa de una existencia disminuida.

La tensión entre Jesús y los representantes de la religión de su tiempo fue una constante a lo largo de su vida, pues una y otra vez lo retaban a cuestionar algún precepto religioso, como la ley del sábado, las leyes de la pureza o las leyes acerca del matrimonio, con la única intención de poder acusarlo de herejía, mientras que Jesús jamás renunció a defender la dignidad de las personas por encima de los preceptos religiosos, en especial la de los leprosos, los enfermos y las mujeres. Sin abandonar su religión, Jesús intentó recuperar su intención original: brindar un espacio en el que los seres humanos pudieran ser reconocidos en igualdad de dignidad frente a su creador –que los creó a su imagen y semejanza– para alabarlo y poder establecer con Él vínculos de verdadera fraternidad entre sí.

La buena noticia propuesta por Jesús demostró ser válida en el contexto de cualquier religión, por lo que el cristianismo se expandió rápidamente más allá de las fronteras del judaísmo, arraigando prontamente entre creyentes griegos, romanos y de otras tradiciones religiosas. La visión cristiana de la religión logró trascender las barreras y las diferencias entre las religiones de la época, al proponer una relación de libertad frente a los ritos y «doctrinas que son preceptos de hombres» (Mateo 15,9), como los denominó Jesús mismo. Ese fue, sin duda, parte de su gran atractivo, al ser capaz de integrar en sus comunidades a personas provenientes de todo tipo de tradiciones y vincularlas entre sí en un camino de fe.

La religión cristiana que se desarrolló a partir del cristianismo primitivo, a la vez que es depositaria de esta visión personalista de la religión propuesta por Jesús, ha vuelto a establecer criterios de pertenencia basados en el cumplimiento de ritos y doctrinas y a definir los límites que la separan de las demás religiones. Sujeta dentro de su propia estructura, está llamada, sin embargo, a llevar a cabo su misión originaria: «Se proclamará esta buena nueva del Reino en el mundo entero, para dar testimonio a todas las naciones» (Mateo 24,14).

¿Podemos afirmar, hoy, que la fe cristiana se mantiene libre de doctrinas humanas que impidan invitar a cualquier persona a vivir en comunidad un camino hacia Dios?

5

Repensar el culto

«Pero él se retiraba a los lugares solitarios,
donde oraba» (Lucas 5,16).

En la práctica totalidad de las tradiciones religiosas, tanto en tiempos de Jesús como hoy en día, el culto se ha llevado a cabo en forma de ritos y ceremonias en espacios sagrados o en templos, que facilitan el encuentro y la comunicación con Dios. Él mismo había sido educado en ese sentido, pues ya desde niño había sido presentado como primogénito en el Templo de Jerusalén, al que sus padres acudían todos los años en la fiesta de la Pascua. La historia de su pueblo estaba fuertemente ligada al recinto sagrado que significaba el Templo, que había sido precedido por la Tienda del encuentro desde los tiempos de Moisés en el éxodo.

A excepción del pueblo judío, las demás religiones de su entorno ofrecían el culto y oraban frente a imágenes que representaban a los seres divinos, y que Jesús también conoció en sus viajes a los pueblos vecinos de la Decápolis y de Siria. Con o sin imágenes, la oración y las ofrendas estaban habitualmente ligadas a un lugar en el que pudiera sentirse la presencia divina, o bien a esas mismas figuras e imágenes que también se veneraban en las casas en pequeños altares domésticos.

Tenemos constancia en los evangelios de que Jesús prefería orar lejos de los santuarios, en lugares solitarios, sobre todo de noche, alejado de todo ruido y distracción. También a sus discípulos les aconsejó, con toda claridad:

> Y cuando oréis, no seáis como los hipócritas, que gustan de orar en las sinagogas y en las esquinas de las plazas bien plantados para ser vistos por los hombres; en verdad os digo que ya reciben su paga. Tú, en cambio, cuando vayas a orar, entra en tu aposento y, después de cerrar la puerta, ora a tu Padre, que está allí, en lo secreto; y tu Padre, que ve en lo secreto, te recompensará (Mateo 6,5-6).

Para Jesús, no es necesario acercarse a un lugar preparado o designado para el culto para poder sentir la presencia de Dios en la oración, y entrar en un diálogo con el Padre.

De hecho, en el reino de Dios que él anunció, lo sagrado ya no reside en los ritos, los objetos o los templos: la buena noticia implica que no hay nada más sagrado que el ser humano. El reino de Dios es aquella forma de vivir en la que el centro de la vida son las personas, aun las más pequeñas, vulnerables y descartadas, aquellas a las que Jesús quiso reconocer y restablecer en su plena dignidad, como en el caso del publicano Zaqueo:

> Jesús le dijo: «Hoy ha llegado la salvación a esta casa, porque también este es hijo de Abrahán, pues el Hijo del hombre ha venido a buscar y salvar lo que estaba perdido» (Lucas 19,9-10).

En una comunidad que se establece con sabor a Evangelio necesariamente caben todos.

El culto cristiano, por lo tanto, no se realiza en las iglesias o en los templos, como en otras religiones, sino en el servicio al prójimo, a todo ser humano. Jesús escenificó en numerosas ocasiones esa pasión por los «hijos de Abrahán», expresión que incluye de forma figurada a todos los pueblos, al sanar de sus dolencias a propios y a extraños, judíos, samaritanos y hasta a la hija de una mujer siro-fenicia o al criado de un centurión romano. Su actuar provocó el rechazo y la consternación de aquellos que consideraban que el culto religioso se contaminaba y perdía su eficacia tras el contacto con los «impuros»:

> Al verlo los fariseos decían a los discípulos: «¿Por qué come vuestro maestro con los publicanos y pecadores?». Mas él, al oírlo, dijo: «No necesitan médico los que están fuertes sino los que están mal. Id, pues, a aprender qué significa aquello de: "Misericordia quiero, que no sacrificio". Porque no he venido a llamar a los justos, sino a los pecadores» (Mateo 9,11-13).

«Misericordia quiero, no sacrificios...» con esta frase del profeta Oseas, al que citaba con frecuencia, Jesús quiso resumir su propuesta para un nuevo culto, que se alejara de los recintos sagrados –él mismo vaticinó la destrucción del Templo de Jerusalén– y se realizara en el servicio al prójimo,

pues como diría san Ireneo en el siglo II: «La gloria de Dios consiste en que el hombre viva». O bien, en palabras del papa Francisco:

> Quien de verdad quiera dar gloria a Dios con su vida, quien realmente anhele santificarse para que su existencia glorifique al Santo, está llamado a obsesionarse, desgastarse y cansarse intentando vivir las obras de misericordia (*Gaudete et exsultate* 107).

Las iglesias cristianas, muchas de las cuales se asemejan de nuevo a los templos de antaño, son tan solo lugares en los que se puede congregar la comunidad creyente, celebrar la fe y nutrirla con la Palabra y la gracia de los sacramentos, para luego salir y llevar a cabo el verdadero culto en el mundo, en la sociedad, como pidió el mismo Jesús: «Brille así vuestra luz delante de los hombres, para que vean vuestras buenas obras y glorifiquen a vuestro Padre que está en los Cielos» (Mateo 5,16). No hay, por tanto, un culto con mayor sabor a Evangelio que glorificar a Dios mediante la práctica de las obras de misericordia, descritas con claridad en la tradición de la Iglesia.

¿Es posible, hoy, que el culto cristiano sitúe en el centro de la vida de los seguidores de Jesús a las personas, brindándoles un servicio misericordioso frente a cualquier situación de vida?

6
Repensar los valores

«Bienaventurados los pobres de espíritu,
porque de ellos es el reino de los Cielos»
(Mateo 5,3).

Las bienaventuranzas, una especie de hoja de ruta que Jesús proclamó en Galilea al principio de su actividad como predicador, enumeran los valores del reino de Dios, o reino de los Cielos. No se trata de una realidad futura, o del más allá, pues Jesús repitió, una y otra vez: «El reino de Dios ya está entre vosotros» (Lucas 17,21). Los valores de las bienaventuranzas, por lo tanto, se establecen para la vida presente: es por ello por lo que las virtudes que proponen son inquietantes y contraculturales. Como dice el papa Francisco con relación a las mismas: «Permitámosle (a Jesús) que nos golpee con sus Palabras, que nos desafíe, que nos interpele a un cambio real de vida» *(Gaudete et exsultate* 66). Los pobres de espíritu, los mansos, los que lloran, los que tienen hambre y sed de justicia, los misericordiosos, los limpios de corazón, los que trabajan por la paz o los perseguidos por causa de la justicia representan los contravalores del Evangelio frente a los valores que rigen en el mundo, y sin ellos es imposible conocer el reino de Dios.

Como Jesús mostró con su propia vida y su predicación, estos valores del Reino están reflejados en los pequeños, los humildes y los alejados de todo poder o vanidad, en una palabra, los débiles. En contraste, los valores del mundo son aquellos que transmiten fuerza y vigor, como lo son el crecimiento, el desarrollo y el éxito. Insertado en la periferia del Imperio romano, que se encontraba en su plena expansión y apogeo, Jesús conocía bien esos valores que, finalmente, engendraban guerras y ambición sin fin. Muchos miembros de su propio pueblo participaron de ese afán por el lucro, dejando por el camino a incontables personas cansadas y explotadas. Ante ellos, Jesús propuso un paradigma singular para vivir la alegría del reino de Dios: menguar, en vez de crecer. La buena noticia, el Evangelio, afirma que, a los ojos de Dios, menos es más: en el reino de los Cielos no se trata de crecer, de dominar o de destacar, sino de ser discretos e invisibles, pues «quien quiera salvar su vida, la perderá, pero quien pierda su vida por mí, la encontrará» (Mateo 16,25).

A sus propios discípulos, que competían entre sí para ver quién iba a figurar más y mejor en su equivocada comprensión del reino de Dios, les dio una lección de pequeñez que no pudieron olvidar jamás:

Le presentaban a unos niños para que los tocara; pero los discípulos les reñían. Mas Jesús, al ver esto, se enfadó y les dijo: «Dejad que los niños vengan a mí, no se lo impidáis, porque de los que son como estos es el reino de Dios. Yo os aseguro: el que no reciba el reino de Dios como niño, no entrará en él» (Marcos 10,13-15).

«*Como niños...*» conscientes de su fragilidad, de sus necesidades, de su dependencia de los demás. Débiles, pero dispuestos a confiar, a compartir, a aprender y a construir.

El reino de Dios se establece sobre la fuerza de los débiles. Son ellos los que han renunciado a cualquier protagonismo, quienes son capaces de vivir los valores que manifiestan los niños (la confianza, la alegría, la honestidad, el cariño o la bondad), así como sus contravalores (la falta de rencor, de prejuicios, de envidia, de venganza o de vanidad). Las primeras comunidades cristianas eran conscientes de la fragilidad de sus miembros, como describe san Pablo: «Ha escogido Dios más bien lo necio del mundo para confundir a los sabios. Y ha escogido Dios lo débil del mundo, para confundir lo fuerte» (1 Corintios 1,27), pues solamente desde los valores propios de la debilidad cristiana, como la humildad y la sencillez, se construye el reino de Dios con sabor a Evangelio.

A lo largo de la historia de la Iglesia estos valores propios del Evangelio han sido rescatados una y otra vez por hombres y mujeres que, de forma singular, han sabido escuchar de nuevo las palabras de Jesús, dispuestos a perder su vida, para ganarla de otra forma. Han sido ellos, con el ejemplo de unas vidas dispuestas a dar, antes que a recibir, y a perdonar, antes que a reclamar justicia, quienes han logrado vivir íntegramente los valores de las bienaventuranzas como camino seguro hacia la santidad.

Jesús no fue un hombre ingenuo, y siempre supo que «los hijos de este mundo son más astutos con los de su generación que los hijos de la luz» (Lucas 16,8), es decir, que los valores del Reino aparentemente fracasan cuando se comparan con los resultados obtenidos por los criterios con los que opera nuestro mundo. No obstante, cabe preguntarnos si el mundo actual, tan marcado por la violencia, el deterioro climático y los conflictos internacionales, realmente puede seguir sustentándose sobre los valores del crecimiento y del desarrollo que tanto se pregonan, y no tendría mucho que aprender de los pobres y limpios de corazón, que no quieren «salvar su vida» a costa de los demás.

¿Es posible, hoy, que los cristianos propongan, con toda su radicalidad, los valores de las bienaventuranzas para enfrentar las fuerzas del mundo desde la debilidad del Evangelio?

7
Repensar la riqueza y el dinero

«¡Qué difícil es que los que tienen riquezas entren en el reino de Dios!» (Marcos 10,23).

Entre las enseñanzas de Jesús acerca del reino de Dios destacan, sin duda, aquellas referidas al dinero y a las riquezas. Educado en el realismo de la vida, Jesús conocía bien las necesidades humanas y sociales y, con ellas, también las del dinero. Sabemos que entre sus discípulos había al menos una persona delegada para la administración, quien se encargaba de las compras necesarias para la manutención de la comunidad, así como un grupo de mujeres «que les servían con sus bienes» (Lucas 8,3), de manera que las menciones de Jesús acerca del dinero no parten del desconocimiento de la vida, sino de una profunda convicción de que, en el reino de Dios, es necesario repensar nuestra relación con el mismo.

> Nadie puede servir a dos señores; porque aborrecerá a uno y amará al otro; o bien se entregará a uno y despreciará al otro. No podéis servir a Dios y al Dinero (Mateo 6,24).

Con toda claridad, Jesús estableció un límite en relación con el uso del dinero: en cuanto este se convierte en una meta en sí misma, aleja al ser humano del fin para el que fue creado. Y en otro momento, Jesús con su conocida frase: «Lo del César devolvédselo al César, y lo de Dios a Dios» (Mateo 22,21), tomó distancia de los bienes materiales para reafirmarse en la cautela que exige a sus seguidores frente al dinero, pues tan necesario puede ser este como medio para lograr y asegurar bienes legítimos, como peligroso por la seducción que genera al prometer una falsa seguridad:

> Y les dijo: «Mirad y guardaos de toda codicia, porque, aun en la abundancia, la vida de uno no está asegurada por sus bienes» (Lucas 12,15).

Entre las primeras comunidades cristianas el uso del dinero fue materia de controversia, tanto por las posturas de un extremo como del otro. San Pablo nos atestigua que, por un lado, tuvo que socorrer mediante una colecta a los cristianos de Jerusalén, pues se habían gastado todos sus recursos, pensando que, en la vida del reino de Dios, estos ya no iban a ser necesarios. A su vez, menciona en varias de sus cartas las desigualdades económicas presentes en las comunidades que él fundó, en las que los más adinerados se exhibían y se mostraban insensibles frente a las necesidades de los que carecían del dinero necesario hasta para poder asegurarse el sustento diario. Cabe preguntarse, por tanto, por el lugar que ocupa el dinero en una vida que quiera tener sabor a Evangelio.

El reino de los Cielos es una forma de vivir con total libertad y desapego frente al dinero y a las riquezas. Pareciera una utopía, o un sueño irreal, pero Jesús declara que es un requisito para poder participar de un proyecto de vida confiado en Dios:

Así pues, vosotros no andéis buscando qué comer ni qué beber, y no estéis inquietos. Que por todas esas cosas se afanan los gentiles del mundo; y ya sabe vuestro Padre que tenéis la necesidad de eso. Buscad más bien su Reino, y esas cosas se os darán por añadidura (Lucas 12,29-31).

Sin negar las necesidades materiales que todos tenemos, y que el Padre conoce, el reino de Dios requiere trabajar de forma prioritaria por los proyectos que tienen valor a los ojos del Padre, como son las obras de misericordia, y confiar en su Providencia para que se puedan lograr los recursos necesarios para una vida digna.

En ese sentido, solamente la austeridad tiene un genuino sabor a Evangelio. Jesús alaba a aquellos que saben vivir sin acumular, con el ejemplo de los pájaros y las flores, en contraste con el hombre que quiere ampliar sus graneros y almacenar bienes para años venideros, al que dirige duras palabras:

Pero Dios le dijo: «¡Necio! Esta misma noche te reclamarán el alma; las cosas que preparaste, ¿para quién serán?». Así es el que atesora riquezas para sí, y no se enriquece en orden a Dios (Lucas 12,20-21).

La mayor riqueza frente a Dios en su Reino es, con toda seguridad, la austeridad y la mesura con la que los cristianos podamos moderar la tendencia nociva a querer retener bienes, en vez de desprendernos de ellos y utilizarlos para el bien común.

En la época de Jesús todavía no se había generalizado el consumismo que, hoy, ha llevado al mundo a una crisis de sostenibilidad sin precedentes. No caben respuestas tímidas ante una realidad que ya ha superado cualquier límite aceptable, y que requiere de posturas tan radicales como las que predicó Jesús. Vivimos frente a la necesidad urgente de repensar nuestro consumo, no solamente mediante el uso correcto de las tres «R» (Reducir, Reutilizar, Reciclar), sino asumiendo un verdadero ascetismo cristiano que solamente se alcanza cuando se pone el reino de Dios primero, confiando en que lo demás se pueda dar por añadidura.

¿Es posible que los cristianos, hoy, lideren con su ejemplo de austeridad un cambio en el uso de los recursos materiales y energéticos que refleje su compromiso con el reino de Dios?

8

Repensar la salvación

«En verdad os digo que los publicanos y las rameras llegan antes que vosotros al reino de Dios» (Mateo 21,31).

Para muchos creyentes de la época de Jesús, y posiblemente también para algunos hoy, la idea de la salvación era la de un premio futuro que solamente unos pocos afortunados iban a alcanzar. Como plantean muchas tradiciones religiosas, únicamente los justos, los puros o los iniciados son los que se salvan, mientras que otros muchos se condenan o se pierden. También Jesús se educó en estos mismos conceptos, derivados de la Ley de Moisés y de la enseñanza de los Profetas. Como rezaba uno de los salmos que él aprendió en su juventud: «El Señor ama la justicia y nunca abandonará a los justos. Los mantendrá a salvo para siempre, pero los hijos de los perversos morirán» (Salmo 37,28).

Por otro lado, Jesús creció siendo testigo del sufrimiento que padecía un gran número de personas que creía no tener posibilidad alguna de alcanzar esa salvación anhelada. Ya se tratara de enfermos, prostitutas, colaboracionistas de los romanos o de los pueblos paganos en general, según los líderes religiosos de su tiempo, para ninguno de ellos había un camino que les pudiera ofrecer la esperanza de llegar a ser aceptables a los ojos de Dios. Fueron ellos precisamente, los rechazados por el sistema religioso, los que más se entusiasmaron con el nuevo predicador del reino de Dios, que les recordaba la misericordia del «Padre celestial, que hace salir su sol sobre malos y buenos, y llover sobre justos e injustos» (Mateo 5,45).

El mismo nombre de Jesús, que significa «Dios salva», llevaba implícita su misión salvadora desde su nacimiento. El feliz acontecimiento ya les fue anunciado a los pastores con estas palabras:

El ángel les dijo: «No temáis, pues os anuncio una gran alegría, que lo será para todo el pueblo: os ha nacido hoy, en la ciudad de David, un salvador, que es el Cristo Señor» (Lucas 2,10-11).

Un salvador, es decir, uno que viene «a buscar y salvar lo que estaba perdido» (Lucas 19,10), como diría posteriormente él mismo. La buena noticia de Jesús, proclamada en los evangelios, es que la salvación ha llegado para todos, empezando en esta misma vida, pues él no se cansó de anunciar que la vida plena empieza desde el tiempo presente: «El tiempo se ha cumplido y el reino de Dios está cerca; convertíos y creed en la buena nueva» (Marcos 1,15).

Los múltiples testimonios de las sanaciones que realizó Jesús en su vida manifiestan, precisamente, esa pasión por liberar y «salvar» a personas aquejadas por cualquier mal, de manera que el proyecto de la salvación, con sabor a Evangelio, deja de ser un término futuro para insertarse en el presente. Como recordaría años más tarde el apóstol Pedro, a eso dedicó su vida Jesús, pues «pasó haciendo el bien y curando a todos los oprimidos por el Diablo, porque Dios estaba con él» (Hechos 10,38). En el lenguaje bíblico de la época, se entendía que los «oprimidos por el Diablo» eran precisamente los enfermos, los pecadores y todos aquellos afectados por alguna condición humana que los alejara del favor divino.

Jesús, como sanador, no fue lo que en otros contextos se conoce como un curandero, sino un liberador, pues no se limitaba a restablecer materialmente a las personas en sus necesidades, como en el caso de los ciegos, sordos o paralíticos, sino que las liberaba de su marginación y de su convicción de que Dios se había alejado definitivamente de sus vidas. Su cometido principal fue transmitir a las personas disminuidas frente a sus comunidades y también frente a sí mismas que Dios desea la salvación de todo ser humano, y que esta no se alcanza como un mérito, sino que se recibe como un don ofrecido gratuitamente por quien nos ama.

Muchas de las parábolas del reino de Dios, que con frecuencia lo describen como un banquete festivo al que serán invitadas personas de todo tipo de origen e historia personal, hacen hincapié en este nuevo concepto universal de salvación, como manifestó Jesús frente al centurión romano, que lo impresionó con su humildad al pedirle la curación de un criado enfermo, a quien Jesús alabó con las siguientes palabras:

Os aseguro que en Israel no he encontrado en nadie una fe tan grande. Y os digo que vendrán muchos de oriente y occidente y se pondrán a la mesa con Abrahán, Isaac y Jacob en el reino de los Cielos (Mateo 8,10-11).

La mesa de la salvación en el banquete del reino de los Cielos está abierta a todos, sin exclusión, y tiene que ser anunciada a todos los pueblos, sin distinción. Es también la mesa de la Eucaristía, como la entendieron las primeras comunidades cristianas, conscientes de que a su alrededor se sentaban personas que provenían de todo tipo de tradiciones y recorridos, pero que gozaban de la misma aceptación y dignidad que Jesús quiso otorgar a toda persona que quisiera abrazar el anuncio de la llegada del reino de Dios.

¿Somos capaces, hoy, de ofrecer un espacio de sanación y de aceptación a todos y todas los que se acercan a la mesa eucarística de nuestras comunidades cristianas?

9

Repensar el pecado

*«Lo que entra por la boca no hace impura
a la persona, pero sí mancha a la persona
lo que sale de su boca»* (Mateo 15,11).

El pecado, o bien la impureza, ha sido la obsesión de muchas religiones a lo largo de la historia, y sin duda fue así también en tiempos de Jesús. Las numerosas leyes y mandamientos que regían a su pueblo, como ya hemos visto, definían todo tipo de pecados e impurezas que, además, en muchos casos se consideraban herencias transmitidas entre generaciones. El pecado, en su entorno, se entendía principalmente como una contaminación externa, adquirida a través de alimentos impuros, el contacto con personas «en pecado» –como los leprosos o las mujeres durante su ciclo menstrual–, o bien por trasgredir algún mandamiento, especialmente los relacionados con el sábado y las fiestas religiosas.

Por otro lado, se pensaba que Dios castigaba numerosos pecados incluso físicamente, en especial mediante alguna discapacidad, como la ceguera o las parálisis, así como también en forma de desgracias personales y comunitarias. La historia del pueblo elegido, en la que fue educado Jesús, hablaba de los castigos a los que habían sido sometidos cada vez que se apartaron de Dios, pues «Yavé es tardo a la cólera y rico en bondad, tolera iniquidad y rebeldía; aunque nada deja sin castigo, castigando la iniquidad de los padres en los hijos hasta la tercera y cuarta generación» (Números 14,18).

Frente a estas creencias, la desesperanza se apoderaba de muchas personas, que entendían que el castigo por sus pecados, o por los de sus antepasados, era una penitencia ineludible que habían de sufrir en esta vida. No es de extrañar que Jesús sorprendiera a unos y escandalizara a otros con su postura frente a la impureza y el pecado, al manifestar que «lo que sale de la boca viene de dentro del corazón, y eso es lo que contamina al hombre. Porque del corazón salen las intenciones malas, asesinatos, adulterios, fornicaciones, robos, falsos testimonios, injurias. Eso es lo que contamina al hombre; que el comer sin lavarse las manos no contamina al hombre» (Mateo 15,18-20).

La pureza, afirma Jesús, no se alcanza ni se pierde por actos externos, y mucho menos se adquiere a través de rituales, sino que se define desde el interior de cada persona. De la misma manera, no se le puede atribuir a una enfermedad o una desgracia ser un reflejo externo de un castigo divino por causa del pecado. En este contexto, cuando le presentaron a un paralítico para que lo curara, Jesús dijo: «Hombre, tus pecados te quedan perdonados», y solamente frente a la reacción escandalizada de los escribas y fariseos, añadió: «Para que sepáis que el Hijo del hombre tiene en la tierra poder de perdonar pecados –dijo al paralítico–: A ti te digo, levántate, toma tu camilla y vete a tu casa» (Lucas 5,20.24).

Para Jesús, el perdón de los pecados que ofrece de parte de Dios implica el restablecimiento de la integridad de la persona, pues quien recibe con fe el perdón sana sus heridas y se libera ante todo aquello que lo mantenía excluido y disminuido. A la mujer que llevaba doce años sufriendo flujos de sangre, como al samaritano, al leproso o al ciego Bartimeo, Jesús les dijo con idénticas palabras: «Tu fe te ha salvado», antes de que vieran restablecida su salud. Por lo tanto, la buena noticia del Evangelio significa que el pecado ni es una contaminación externa, ni conlleva la marca del castigo o del sufrimiento: el pecado nace del interior del ser humano, y lo disminuye, pero a la vez le es perdonado a todos los que pidan con fe verse liberados del mismo para poder recuperar una vida plena. Para Jesús, el pecado es siempre perdonable, y su daño reversible en virtud de la misericordia de Dios.

Añadidos a las personas consideradas pecadoras, los relatos evangélicos también describen, de forma figurada, a numerosos personajes aquejados de la posesión de espíritus inmundos o demonios. Esos mismos espíritus malignos, en nuestro lenguaje actual, no serían otra cosa que la envidia, el rencor, el odio, la violencia, la codicia o la soberbia, intenciones destructivas que nacen en el interior de la persona y que la inducen a pecar. Cuando Jesús libera a estas personas lo hace con la misma intención sanadora, convencido de que el espíritu del amor de Dios es más grande que cualquier espíritu del mal o del pecado.

La buena noticia del Evangelio es la manifestación de que «el amor de Dios ha sido derramado en nuestros corazones por el Espíritu Santo que nos ha sido dado» (Romanos 5,5), y que, por eso, todo ser humano es capaz, por la fe, de liberarse de las ataduras del pecado y de abrazar una vida dirigida por ese mismo Amor que nos habita. Debido a ello, los primeros predicadores cristianos anunciaron, llenos de esperanza, que Jesús con su muerte había a su vez dado muerte al pecado para siempre.

¿Nuestras comunidades cristianas reflejan, hoy, con claridad en su práctica pastoral que el perdón de Dios es capaz de borrar cualquier pecado cometido?

10

Repensar la espiritualidad

*«Los discípulos de Juan ayunan frecuentemente
y recitan oraciones, igual que los de los fariseos,
pero los tuyos comen y beben»* (Lucas 5,33).

Ya hemos analizado aspectos como la religión,
el culto y el pecado, que en tiempos de Jesús estaban centrados sobre todo en el individuo y en su
capacidad de cumplir con las leyes de la Alianza y
de mantenerse puro y alejado de cualquier contaminación. Ese afán por la pureza exterior fue
duramente criticado por Jesús, que dedicó estas
palabras a sus promotores:

¡Ay de vosotros, escribas y fariseos hipócritas,
pues sois semejantes a sepulcros blanquea-
dos, que por fuera parecen bonitos, pero por

dentro están llenos de huesos de muertos y de toda inmundicia! Así también vosotros, por fuera aparecéis justos ante los hombres, pero por dentro estáis llenos de hipocresía y de iniquidad (Mateo 23,27-28).

La espiritualidad, cualquier espiritualidad, abarca todas las dimensiones del ser humano, pues la espiritualidad es como el alma que habita un cuerpo y que da significado a su vida. No toda espiritualidad está vinculada a una religión y, lamentablemente, no toda práctica religiosa refleja una espiritualidad positiva, como bien señaló Jesús. En la propuesta evangélica, la alegría es un indicador característico de una sana vida espiritual, de aquellos que se han encontrado con la misericordia de Dios y se manifiestan habitados por la gratitud, como el ciego de Jericó tras su sanación:

Jesús le dijo: «¡Ve! Tu fe te ha salvado». Y al instante recobró la vista, y le seguía glorificando a Dios. Y todo el pueblo, al verlo, alabó a Dios (Lucas 18,42-43).

La espiritualidad del Evangelio, en primer lugar, huye de los sacrificios y de las privaciones motivados por la idea de la necesidad de purificación. La buena noticia del reino de Dios proclamada por Jesús implica, sobre todo, esa alegría de la salvación, de manera que muchas de sus parábolas sobre el Reino proponen la imagen de un banquete de bodas o de una fiesta, a la que todos son invitados, sin excepción. No es de extrañar que esa actitud festiva de Jesús, con la que acompañaba su predicación, le generara no pocas críticas por parte de aquellos que la consideraban poco «espiritual», como testimonian los propios evangelios:

Ha venido el Hijo del hombre, que come y bebe, y decís: «Ahí tenéis un comilón y un borracho, amigo de publicanos y pecadores» (Lucas 7,34).

Jesús también enseñó que esa alegría festiva, que es una virtud que necesita ser ejercitada, no se adquiere a través de prácticas centradas en uno mismo, sino mediante el servicio al prójimo, ya que «hay mayor felicidad en dar que en recibir»

(Hechos 20,35). Para Jesús, la espiritualidad exige la apertura al prójimo, pues no existe en el Evangelio un itinerario espiritual que no esté relacionado con la vida comunitaria. La conocida parábola del buen samaritano atestigua esta convicción, poniendo en evidencia a aquellos que pretenden mantenerse puros en su camino espiritual evitando el contacto con los necesitados (Lucas 10,25-37).

Otro elemento esencial de la espiritualidad cristiana es que está centrada en la vivencia del tiempo presente, sin obsesionarse ni con el pasado, ni con el futuro. El pasado de una persona o de un pueblo ilumina su presente, pues es la escuela en la que se ha formado, y el futuro es una promesa, pero no está escrito. El tiempo de la Gracia, en el que se anuncia el reino de Dios, es el tiempo presente, donde se vive la buena noticia de la liberación de los oprimidos por el mal. Toda la predicación de Jesús gira alrededor de la idea de que es hoy, ahora y aquí, donde Dios se manifiesta con su misericordia, como proclamó tras leer el anuncio de la buena noticia en la sinagoga de Nazaret, al inicio de su predicación: «Esta Escritura, que acabáis de oír, se ha cumplido hoy»

(Lucas 4,21). Y a sus discípulos les urgía: «No os preocupéis del mañana: el mañana se preocupará de sí mismo» (Mateo 6,34), ya que para poder anunciar la buena noticia hay que saber liberarse tanto de la ansiedad del futuro, como de la nostalgia del pasado.

Un tercer elemento de la espiritualidad cristiana es su naturaleza pendular: Jesús se movió en su vida entre momentos de intimidad con el Padre, especialmente cuando se retiraba a orar al monte por las noches, y otros muchos de estrecha cercanía con sus discípulos y con la gente que lo buscaba. Como seguidores de Jesús deberíamos anhelar vivir ese tipo de espiritualidad pendular: movernos entre nuestra intimidad con Dios y la cercanía real con nuestros hermanos, pues una cosa nos lleva a la otra, y viceversa. Resultará tan arriesgada como incompleta una espiritualidad que busque únicamente la intimidad con Dios, como aquella que pretenda alimentarse solamente del servicio al ser humano.

La espiritualidad propuesta por Jesús, con sabor a Evangelio, es, por lo tanto, una espiritualidad alegre y del presente, alejada de todo puritanismo e individualismo que tan fácilmente corrompen la ambición espiritual al alienar al buscador de Dios de las realidades humanas que siempre deben acompañar el camino y en las cuales, precisamente, se produce el verdadero encuentro con Dios a través del prójimo.

¿La espiritualidad que transmiten, hoy, nuestras comunidades cristianas facilita una genuina comunión con Dios y con los hermanos?

11

Repensar el amor

«Os doy un mandamiento nuevo: que os améis
los unos a los otros. Que, como yo os he amado, así
os améis también vosotros los unos a los otros.
En esto conocerán todos que sois discípulos míos:
si os tenéis amor los unos a los otros»
(Juan 13,34-35).

Los libros de la Escritura que conoció Jesús
contenían constantes referencias al amor, desde
el primero de los mandamientos del Decálogo
de Moisés que llamaba a amar a Dios con todo
el corazón, toda el alma y todas las fuerzas, hasta
muchos de los Profetas que hablaban del amor
que Dios tiene por su pueblo. También los salmos cantaban al amor y a la misericordia de Dios
por sus elegidos, aquel que es siempre fiel y no

se olvida de sus hijos, como proclamaba Isaías: «¿Acaso olvida una mujer a su niño de pecho, sin compadecerse del hijo de sus entrañas? Pues aunque esas llegasen a olvidar, yo no te olvido» (Isaías 49,15).

Aun así, no podemos afirmar que el mandamiento del amor, confiado por Jesús a sus discípulos, sea simplemente una prolongación de los escritos anteriores, pues por algo lo llamó «nuevo». En primer lugar, el paradigma del amor que Jesús establece ya no es tan solo el reconocimiento del amor misericordioso del Dios creador, y el amor reverencial a Dios en respuesta al mismo, sino que postula un itinerario humano como modelo del amor, que es la propia vida de Jesús, «como yo os he amado». Tampoco propone como modelo de la caridad humana un amor proporcionado como mandaba la Ley, que solicitaba a todo creyente: «Amarás a tu prójimo como a ti mismo» (Levítico 19,18), sino un amor desproporcionado, en el que la medida del amor ya no es uno mismo, sino el amor que Jesús manifestó a sus discípulos. Aunque pareciera utópico, Jesús creyó que sus discípulos serían capaces de amar con la misma fuerza y entrega con la que él mismo amó a quienes en muchas ocasiones no le correspondieron de igual forma. El nuevo proyecto del amor es la imitación de Cristo, es decir, prolongar la vida y las maneras de Jesús con la mía propia.

En segundo lugar, el mandamiento del amor es nuevo porque elimina la duplicidad entre Dios y los hombres, a saber, amar a Dios, por un lado, y al prójimo, por otro, sino que une ambos amores en uno solo: el amor fraterno en el que ya está implícito el amor a Dios. Para Jesús, el amor a Dios se manifiesta directamente en el amor al prójimo, en especial, al necesitado, como proclamó con toda claridad:

Porque tuve hambre, y me disteis de comer; tuve sed, y me disteis de beber; era forastero, y me acogisteis; estaba desnudo, y me vestisteis; enfermo, y me visitasteis; en la cárcel, y vinisteis a verme (Mateo 25,35-36).

En el reino de Dios, la caridad con el prójimo es la única forma válida de vivir el amor a Dios, pues «nadie tiene mayor amor que el que da su vida por sus amigos» (Juan 15,13). No hay otra manera creíble de anunciar el reino de Dios que no sea la de Jesús, sanando heridas físicas o anímicas y liberando al ser humano de todo tipo de ataduras en el tiempo del Reino, que es el hoy, ahora y aquí. La vivencia de la caridad no es un complemento de la vida cristiana, dentro de la gran variedad de prácticas religiosas que están presentes en nuestras Iglesias, sino su centro y esencia, pues solamente el Amor tiene verdadero sabor a Evangelio.

El conocido himno al amor en la Carta a los corintios de san Pablo da testimonio de cómo las primeras comunidades cristianas entendieron la radicalidad del nuevo mandamiento de Jesús:

Aunque tuviera el don de profecía, y conociera todos los misterios y toda la ciencia; aunque tuviera plenitud de fe como para trasladar montañas, si no tengo caridad, nada soy. Aunque repartiera todos mis bienes, y entregara mi cuerpo a las llamas, si no tengo caridad, nada me aprovecha (1 Corintios 13,2-3).

Ninguna virtud ni capacidad humana, practicadas con una intención que no sea la del amor sencillo y servicial al estilo de Jesús, será capaz de construir una comunidad fiel a la propuesta de aquel que instruyó a sus discípulos con estas palabras: «Aprended de mí, que soy manso y humilde de corazón» (Mateo 11,29).

Jesús es el modelo del nuevo Amor, y toda su vida es un testimonio de cómo convertir en realidad su proyecto de fraternidad, de amor de «los unos a los otros». Para él, no hay otra forma de corresponder al amor a Dios que proclaman las Escrituras que no sea a través de la caridad con el prójimo, establecida como mandamiento único o ley máxima. En el amor al prójimo, al necesitado, al hermano, amamos a Dios mismo, como Jesús proclamó en la conocida parábola del juicio final: «En verdad os digo que cuanto hicisteis a unos de estos hermanos míos más pequeños, a mí me lo hicisteis» (Mateo 25,40).

¿Nuestra práctica religiosa, hoy, refleja que el mandamiento nuevo del Amor sea el principal criterio vertebrador de toda actividad pastoral que podamos realizar?

12

Repensar la eternidad

«Y que los muertos resucitan lo
ha indicado también Moisés en lo de la zarza,
cuando llama al Señor el Dios de Abrahán,
el Dios de Isaac y el Dios de Jacob.
No es un Dios de muertos, sino de vivos, porque
para Él todos viven» (Lucas 20,37-38).

La muerte es el gran enigma de la vida, ante la cual también en la época de Jesús cabían posturas muy diferentes. Ni siquiera dentro de la religión judía se había resuelto el debate acerca de la resurrección, pues los saduceos no creían en ella. El libro de la Sabiduría, en cambio, refutaba la idea de que la muerte fuera una destrucción, y defendía que, en cuanto a los difuntos, «los que en Él confían entenderán la verdad y los que son fieles permanecerán junto a Él en el amor» (Sabiduría 3,9), a la vez que anunciaba un duro castigo para los impíos.

Las religiones orientales, por otro lado, planteaban, como todavía lo hacen hoy, la idea de la reencarnación, en el sentido de que la vida individual no se destruye, sino que aparece de nuevo en otros seres, como también postulaban los antiguos egipcios. Para los griegos y romanos, en cambio, los muertos transitaban hacia el inframundo, el reino de Hades, en el que permanecerían eternamente en un entorno más o menos benévolo, según hubieran sido juzgadas sus vidas terrenas.

Jesús, que vivió en contacto con todas estas diferentes corrientes religiosas, fue muy claro en su defensa de la idea de la resurrección. Pero, a diferencia de la doctrina imperante, rechazó abiertamente la idea de que la vida eterna fuera un privilegio reservado a unos pocos, y se atrevió a cuestionar que solamente los que fueran considerados dignos pudieran formar parte de una élite que lograra permanecer en la eternidad del Amor de Dios. Varias de sus parábolas ilustran este punto, especialmente la siguiente:

El reino de los Cielos es semejante a un rey que celebró el banquete de bodas de su hijo. Envió a sus siervos a llamar a los invitados a la boda, pero no quisieron venir. [...] Entonces dice a sus siervos: «La boda está preparada, pero los invitados no eran dignos. Id, pues, a los cruces de los caminos y, a cuantos encontréis, invitadlos a la boda». Los siervos salieron a los caminos, reunieron a todos los que encontraron, *malos y buenos,* y la sala de bodas se llenó de comensales (Mateo 22,2-3.8-10).

Su visión causó, sin duda, escándalo en su época, y no ha cambiado en el presente: ¿cómo iban a acceder a la vida de la resurrección los «malos», indignos, pecadores...? Sin embargo, Jesús fue específico al afirmar que nadie será excluido en la convocatoria a formar parte del banquete del reino de Dios que, como hemos visto, será una fiesta como ya la soñaba el profeta Isaías siglos antes:

Hará Yavé Sebaot a todos los pueblos en este monte un convite de manjares frescos, convite de buenos vinos: manjares de tuétanos, vinos depurados; consumirá en este monte el velo que cubre a todos los pueblos y la cobertura que cubre a todos las gentes; consumirá a la Muerte definitivamente (Isaías 25,6-8).

Jesús proclamó la buena noticia de que, consumida la muerte, se abre la esperanza de la eternidad para todas las gentes. La eternidad no se gana; es Dios quien la regala a todos sus hijos e hijas, pues su voluntad es «que todos los hombres se salven y lleguen al conocimiento pleno de la verdad» (1 Timoteo 2,4). El camino de la fe entonces es, precisamente, abrazar con alegría la misericordia infinita de Dios y acoger el misterio de su salvación universal con la que quedan abiertas las puertas de la eternidad para todos.

Para Jesús, el reino de Dios, en el que todos tienen cabida, se inicia en el tiempo presente, pero se prolonga hasta la vida eterna. No hay una ruptura, o un salto, sino una continuidad del presente de la salvación hasta la eternidad, como expresó con bellas palabras san Pablo:

Si vivimos, para el Señor vivimos; y si morimos, para el Señor morimos. Así que, ya vivamos ya muramos, del Señor somos. Porque

Cristo murió y volvió a la vida para eso, para ser Señor de muertos y vivos (Romanos 14,8-9).

Esta alegría de la salvación es contagiosa, y quien la recibe actúa con verdadero sabor a Evangelio, proclamando con su propia vida, como María, las maravillas que Dios ha hecho en él, de manera que la vida de los creyentes se convierte en un anticipo de la fiesta eterna a la que sabemos que hemos sido convocados. La promesa de la eternidad, para los cristianos, es un motor que los anima a manifestar, con obras de bondad tangibles y concretas, la gratitud por el Amor recibido.

Porque tanto amó Dios al mundo que dio a su Hijo único, para que todo el que crea en él no perezca, sino que tenga vida eterna. Porque Dios no ha enviado a su Hijo al mundo para juzgar al mundo, sino para que el mundo se salve por él (Juan 3,16-17).

¿Somos capaces, hoy, de dar testimonio con nuestra vida del Amor recibido, anunciando buenas noticias que tengan sabor a eternidad?

En gratitud para con todas las personas, sencillas y humildes, que me han enseñado a lo largo de mi vida que es posible, hoy, vivir el reino de Dios.

Índice